太喜歡歷史了！

給中小學生的輕歷史

5

魏晉南北朝

魏晉南北朝

魏晉南北朝

文：書魚，陸西漸
繪：蔣講太空人（時代背景）
Yoka（衣食住行）
Zoey Yang（歷史事件）

時代背景

分裂與融合的時代

這一冊講的是魏晉南北朝時期的歷史。魏就是曹魏，晉是司馬家族奪取了曹魏的權力後所建立的新政權。西元二六五年年底，司馬炎接受了曹魏最後一任皇帝——元帝禪讓，成為魏國的新主人。不過，實際上，這時候曹氏的魏國已經不復存在了，司馬氏建立的新政權就是西晉。二八〇年，西晉滅亡了吳國，天下又歸於統一。

但其實統一並不完全意味著和平，分裂也並不完全意味著戰亂。西晉是一個非常動盪的時代，反而三國時期，在魏、蜀、吳各自領導下，部分地區的百姓倒是能過著安定的生活。

魏晉南北朝持續了三百多年，在它之前是大一統的漢帝國，在它之後是強

盛的隋唐。西晉雖然短暫統一全國，但是很快又因為各方勢力爭權奪利而陷入戰亂，「八王之亂」、「永嘉之亂」等動亂相繼發生。

後來，晉朝政權崩潰，社會進入大分裂時代，形成了南朝與北朝對立的局面。但同時，由於中原動亂，許多北方民族趁機進入中原，紛紛建立政權，歷史上，這也是一個民族大融合的時代。

南朝經歷了宋、齊、梁、陳四個政權更迭，北朝則包含北魏、東魏、西魏、北齊、北周五個王朝。

魏晉南北朝雖是個混亂的時代，卻孕育了自由的精神。就如同春秋戰國時期那樣，這時候的文化領域也是百花齊放、異彩紛呈。從政治角度來看，它確實是黑暗的；但是從文化角度來看，它又是多彩的、風流的。這一時期出現許多著名文學家、藝術家、數學家、科學家，他們成就卓越，為世界文明留下文化遺產。

百聞不如一見，一起回到魏晉南北朝看看吧！

一衣食住行一

生活在魏晉南北朝

衣

魏晉南北朝，讀書人喜歡穿寬大的衣服，有著寬大的衣帶、衣袖和下襬的款式，最受歡迎。有些放浪不羈的文人甚至會袒胸露腹，格外自由奔放。白色是受歡迎的顏色，就像現在西式的婚紗那樣，當時也有人在婚禮上穿白色禮服。

讀書人的衣服樣式，與東漢時期差別不大，非常瀟灑飄逸。但底層百姓的著裝就大不一樣了。少數民族大規模遷入中原，帶來極不一樣的習俗風氣。為了方便勞動，百姓多數穿緊身的衣服，衣袖比較窄。貴族女性的裙子非常有特點；有的裙襬很長，拖在地上；有的裙擺層層疊疊，看起來像好幾個三角形旌旗堆疊在一起。這時的女裙上窄下寬，使女性看起來又瘦又高。

人們普遍戴冠帽，又稱「籠冠」，因為這是用黑漆細紗做成的，所以也叫「漆紗籠冠」，不論男女都可以用它來束頭髮。不戴冠帽的話，也可以用頭巾束髮，這種束髮方式在東漢三國時候就有了，代表人物是諸葛亮，他以頭巾束髮的形象深植人心，所以這類頭巾又叫做「諸葛巾」。

有趣的是，這時還出現了方便登山的「運動鞋」，鞋底有木齒，適合走山路。最有名的，就是南朝文人謝靈運所穿的「謝公屐」了。

食

魏晉南北朝時代，食物種類非常豐富，飲食文化是南稻北麥。北方種麥，所以麵食文化發達。石磨普及使用，使得麵粉加工變得更加容易。不過在當時，所有的麵食都叫做餅。南方種稻，米食文化發達。

北魏有一本農學著作《齊民要術》，從中可以看到當時種植哪些蔬菜水果。如果穿越回去，我們可以在市場買到芹菜、韭菜、蘿蔔、冬瓜、黃瓜、蘑菇。想吃水果的話，棗、桃子、櫻桃、李子、梅子、杏、

梨，都是不錯的選擇；楊梅、椰子、甘蔗、荔枝等，也可以吃到。

這一時期不僅食材豐富，烹飪方式也非常多樣。買菜回來，可以選擇煎、炸、炒、烤來烹煮食物，也可以選擇清淡些的烹、煮、蒸。有人把當時的鱸魚膾、烤乳豬、炒雞子、膏煎紫菜等美食的做法都記了下來。

住

如果你很有錢，就可以建造精裝修的高級住宅，可以自己修築園林。如果你是普通百姓，住的是土牆茅屋的民居。

房子建好，需要家具。這時期的家具，與之前相比，變化不小。首先是床

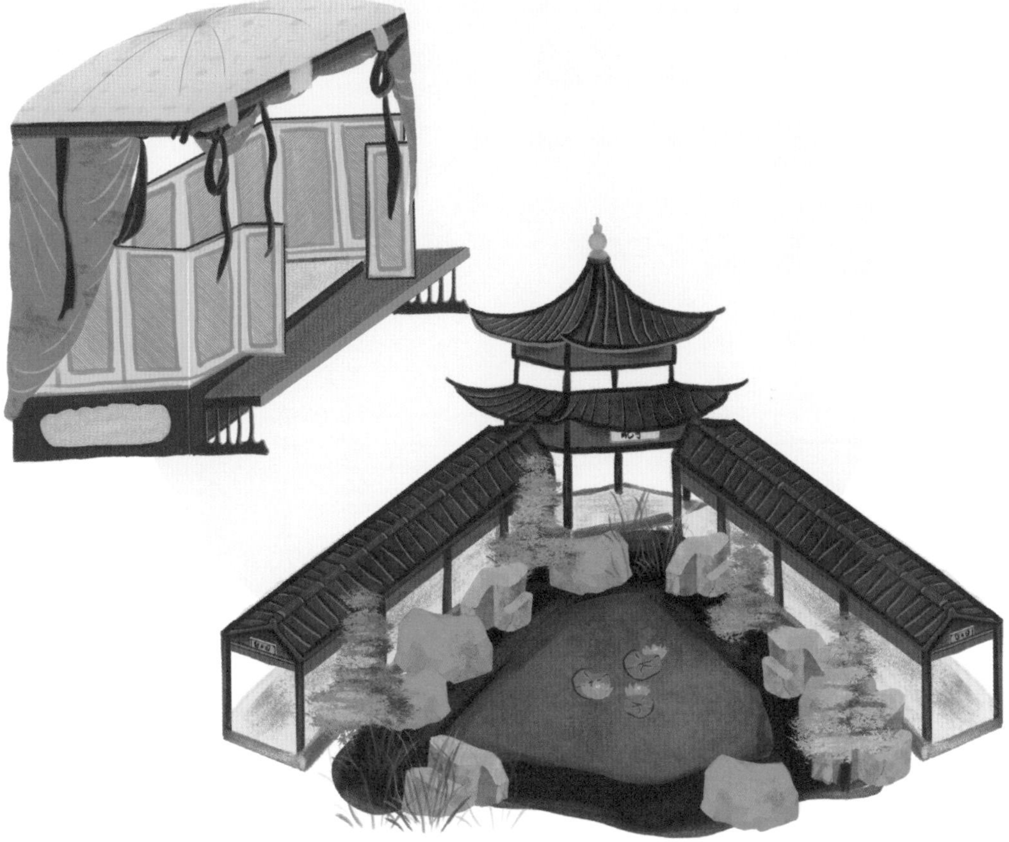

榻ㄊㄚˋ——床榻上可以坐臥，但床和榻是有區別的，大而高的是床，矮而窄的是榻。魏晉南北朝以前，漢人習慣席地而坐。魏晉南北朝時候最大的變化，就是漸漸有了坐椅子的習慣，所以在席地家具之外，開始出現垂足高坐的家具。還有一種從西域傳來的胡床，以繩子編織座面，類似今天的摺凳，收折攜帶方便，十分流行。

唐朝杜牧有句詩說「南朝四百八十寺」，可見當時非常流行修築寺院。不過因為當時的建築大都是土木混合結構，所以許多寺院都在戰亂及滅佛運動下燒毀了。佛教流行，因而誕生了大量寺院，以及精美的石窟藝術。中國的四大石窟——敦煌莫高窟、雲岡石窟、龍門石窟、麥積山石窟，都是在這個時代開鑿的。

行

過去，有地位的人都是坐馬車出行，但是在西漢初年以及東漢末年，戰亂頻仍，馬匹都優先用於戰場，民間使用的馬車變少了，以至於原本是平民乘坐的牛車，逐漸成為主流交通工具。馬車速度快，但牛車平穩，乘坐起來更為舒服。東漢光武帝提倡節儉，簡樸的牛車成為人們樂於使用的交通工具。漸漸的，牛車也分等級，例如北魏皇帝乘坐的牛車，需要十二頭牛才能拉動，可見皇家的排場！

歷史事件01

這是司馬家族的時代！

司馬家族登場

西元二三九年，曹魏第二任皇帝，也就是魏文帝曹丕的長子，魏明帝曹叡（ㄖㄨㄟˋ）去世，他年僅七歲的兒子曹芳成為新皇帝。由於皇帝年紀小，政權落入當時兩位輔佐大臣手中，一位是大將軍曹爽，一位是太尉司馬懿。曹爽是個貪圖享樂又沒有真才實學的人，在司馬懿有意退讓之下，他獨自把持朝政長達十年。這段時間裡，司馬懿在家裝病，其實是在暗中謀畫。

司馬懿、司馬師、司馬昭、司馬炎，他們是怎樣的關係？

271年，裴秀完成《禹貢地域圖》

280年，西晉滅吳國，中國再次統一

二四九年，曹爽陪同皇帝出城到高平陵掃墓，久病不出的司馬懿，趁機迅速發動政變，除掉曹爽，從此，司馬氏一族正式掌控了曹魏政權。

西晉建立

司馬懿去世後，他的大兒子司馬師成為大將軍，掌握魏國軍政大權。為了掃除曹氏殘餘勢力，司馬師誅殺許多重要官員，還廢掉曹芳，改立曹髦（ㄇㄠˊ）為皇帝，對朝廷進行了一次大清洗。但次年，司馬師就因病去世了，權力落到弟弟司馬昭手裡。

司馬昭靠打仗建立軍功，先後被封為「晉公」、「晉王」。魏帝曹髦很焦慮，眼見司馬昭越來越有權勢，萬一他要對自己下手，那可怎麼辦？想到這，曹髦趕緊召集心腹，憂慮的說：「司馬昭之

大事記

世界
- 269年，羅馬帝國高盧地區爆發人民起義的巴高達運動

中國
- 249年，高平陵之變，司馬家族掌握曹魏大權
- 265年，司馬炎建立西晉
- 268年，晉武帝司馬炎實行分封制，頒布《泰始律》

心，路人所知也。」希望大家幫他一起除掉這個隱患。這次行動不僅失敗了，曹髦等人還丟了性命。這次事件後，司馬昭立了曹奐為帝，他還沒能來得及自己稱帝，不久就生病去世了。

司馬昭的大兒子司馬炎同樣很有野心，不甘於做個小小王侯，他指示手下逼迫曹奐禪讓，自己登上皇帝寶座，改國號為「晉」。

為什麼司馬炎要逼迫曹奐退位禪讓，而不是直接殺了曹奐呢？因為人們內心都是認同「正統」的，想要取代「正統」成為皇帝，必須採取名正言順的方式，大家才能接受。隨便殺了皇帝，換自己來做，是不忠不義的亂臣賊子，不容易得到支持。再加上前有王莽逼皇帝禪讓的先例，所以司馬炎也這樣做。

晉朝建立，曹魏也就滅亡了。

大事記

世界

284年，羅馬皇帝戴克里先，結束羅馬帝國的「三世紀危機」，開始政治改革

中國

▲司馬昭與曹奐。

▲晉武帝司馬炎實行分封制。

太康盛世

晉武帝司馬炎認為曹魏滅亡，是因為宗室力量太弱，於是他實行分封制，一共分封了二十七個同姓王。不過，這種分封制度不僅沒有實現司馬炎鞏固政權的初衷，反而為之後發生的八王之亂埋下隱患。

二八〇年，司馬炎終於消滅了南方的吳國，一統天下，改年號為太康。

在政治上，司馬炎整頓吏治，任用有才能的人。他實施《泰始

▲太康盛世。

律》，下詔要求各級官員善盡職責、遵守法律、舉薦人才。經濟上，繼續推行屯田政策，並大力興修水利，開鑿新渠，修復舊渠，方便百姓灌溉，大大促進了農業發展。同時司馬炎還頒行限田政策，規定上至諸侯王下至普通百姓，都要依據田畝數量繳納賦稅。

司馬炎對於周邊民族以招撫為主，鎮壓為輔，北方少數民族開始入居中原，歸附西晉，邊境日漸和平。這段時期出現「太康盛世」的繁榮景象。

歷史事件02

同室操戈的大亂鬥

亂世前奏

西晉時期，司馬家族為了爭奪皇權，發生一場史無前例的內鬥，

而這一切，正是之前提到的宗室分封所埋下的隱患。

二九〇年，司馬炎重病，他知道自己快死了，於是留下詔書，讓他的叔叔司馬亮與皇后楊芷的父親楊駿，共同輔佐他的兒子司馬衷。但是楊氏父女偽造了遺詔，使得楊駿以太傅身分獨攬大權。

▲涉及「八王之亂」的主要人物。並不是只有八個王作亂，而是主要參與者有八個王。

八王之亂

晉惠帝司馬衷是個無能昏君，他的皇后賈南風卻是個狡詐的狠角色。楊駿獨攬朝政大權，觸犯了賈家的利益。於是皇后賈南風便與楚王司馬瑋合謀，殺了楊駿，並誅滅他的黨羽數千人，還逼迫楊太后絕食而死。

隨後，賈南風又接連設計處死了她的新政敵——汝南王司馬亮、楚王司馬瑋和衛瓘，西晉進入賈后專權的局面。當時的太子司馬遹並不是賈南風的兒子，他和他的親生母親，都與賈南風不和，賈南風決定罷黜並殺了太子，以免礙事。但這也給她招來了殺身之禍。

手握都城兵權的趙王司馬倫，早想推翻賈南風了，於是藉口為太子報仇，帶兵闖進宮，誅殺了賈南風及其黨羽。奪得朝中大權之後，司馬倫自稱皇帝，軟禁了原本的皇帝司馬衷。

300年，司馬倫起兵殺賈皇后，並於301年自立為帝

301年，羅馬皇帝戴克里先，以限制最高價格法，抑制通貨膨脹

301年，氐人李特在巴蜀地區叛亂，後來李特之子李雄建立成漢

司馬倫篡位的消息一出，立刻遭到其他諸侯王群起反對。齊王司馬冏（ㄐㄩㄥˇ）率先聯合成都王司馬穎、河間王司馬顒（ㄩㄥˊ），起兵討伐趙王司馬倫。直到三〇六年，東海王司馬越，擁立司馬炎的第二十五子司馬熾（ㄔˋ）為帝，獨掌朝政大權為止，長達十五年的八王之亂，才終於落幕。這期間，司馬家族為了爭奪皇位，殺得你死我活，西晉國力也因此迅速衰落。

趣味典故

何不食肉糜

比喻不知民間疾苦，對世事缺乏認知。

肉糜就是肉粥，古代只有達官貴人才能經常吃到。晉惠帝司馬衷在位時期，發生大饑荒，大批百姓餓死。災情層層上報，沒有生活經驗的司馬衷竟問說：「沒有飯吃，他們為什麼不吃肉粥呢？」這個典故出自《晉書．惠帝紀》。

大事記

世界

中國

291年，皇后賈南風專權，八王之亂開始

294年，匈奴等其他民族反叛晉朝，拉開五胡亂華的序幕

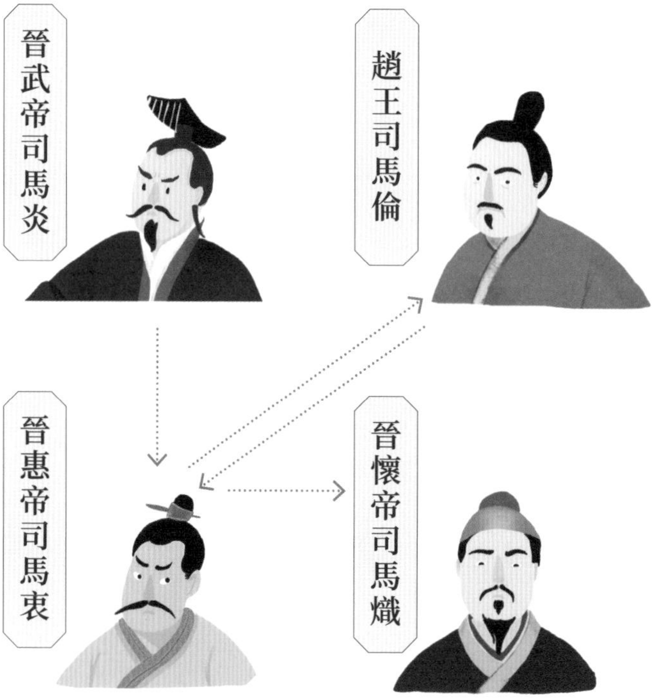

▲「八王之亂」前後，西晉皇權的轉移圖示。

大事記

世界

303年，羅馬帝國開展對基督徒最嚴重的迫害

中國

304年，匈奴人劉淵率兵叛亂，自稱漢王

306年，八王之亂終結，東海王司馬越獲得最終勝利

成語講堂

衣冠南渡

衣冠是衣和冠，是士族的服裝，用來指當時的士族，也借指文明禮教。南渡，渡水南遷的意思。

最早的衣冠南渡，是指西晉末年，天下大亂，晉元帝司馬睿率臣民，從原本的京師洛陽南渡，在建康（江蘇南京）建立東晉，這是中原政權的政治中心首度南遷。

這個成語出自唐朝劉知幾的《史通・邑里》，原句是：「異哉，晉氏之有天下也！自洛陽蕩覆，衣冠南渡，江左僑立州縣，不存桑梓。」

後來衣冠南渡逐漸演化，代指縉紳、士大夫等避亂南方並落地生根。

歷史事件03

西晉內亂！北方民族紛紛建國

五胡亂華序幕

西晉末年，政治腐敗所引發的八王之亂，帶給百姓痛苦的動盪和災荒。內亂期間，北方各民族紛紛趁亂反抗，相繼建立了十六個割據政權，史稱「五胡十六國」。五胡泛指：匈奴、羯(ㄐㄧㄝˊ)、氐(ㄉㄧ)、羌(ㄑㄧㄤ)、鮮卑。這些北方民族，早在東漢末年，就陸續移居中原。

西晉內亂，匈奴最先起來反抗。他們在現在的山西境內起兵，與此同時，氐族人齊萬年也在關中地區起兵響應。這場北方民族的叛亂，拉開了五胡亂華的序幕。

氐族建立成漢

連年乾旱饑荒，迫使氐族百姓不得不遷徙。在氐族隊伍中，李特非常熱心，時常救助流民與弱者，所以被大家推舉為領袖。

他們好不容易來到巴蜀地區，卻得到官府禁止流民逗留的消息。更糟的是，當地官員貪婪成性，不僅向流民索要過路費，還催促他們趕緊上路離開蜀地，甚至派出軍隊襲擊流民。情勢所逼，流民不得不奮起反抗，在李特率領下大敗晉軍。

▼向中原內遷的北方民族紛紛反抗西晉，興兵立國。

以李特為首的流民，漸漸發展成為一個獨立的政權。李特死後，他的兒子李雄繼續領導流民與西晉政權鬥爭。三〇三年，李雄的軍隊攻下成都，並在三〇六年稱帝，國號成，歷史上稱為「成漢」，是當時第一個正式稱帝的少數民族政權。

匈奴建立前趙

李特在巴蜀地區的叛亂僅僅是個開端，隨後各地都爆發了不同程度的暴動。此時，以匈奴為首的其他各族，也趁亂醞釀反晉。由於漢族百姓大部分都流亡南下了，北方胡人、漢人的人口比例發生很大變化，胡人人數迅速增加。於是，匈奴首領劉淵借勢獨立，建立起自己的政權。

其實在八王之亂還沒平息時，劉淵就已經被匈奴的貴族推舉為

313年，東、西羅馬帝國的兩位皇帝，君士坦丁一世和李錫尼，共同頒布了《米蘭敕令》，承認基督教的合法地位

313年，晉朝名將祖逖發動北伐

316年，匈奴攻破長安，晉愍帝投降，西晉滅亡

大單于了。三〇四年，劉淵自封為漢王，四年後改稱皇帝，國號漢，後來又改稱趙，歷史上稱為「前趙」或「漢趙」。

西晉滅亡

三一〇年，匈奴聯軍入侵中原，包圍洛陽。由於沒有足夠的後援，晉王朝不得不準備放棄洛陽，突出重圍。然而，這個計畫被匈奴聯軍識破了。三一一年，匈奴攻破洛陽，晉懷帝司馬熾被俘。

戰火摧殘後的長安城，已是奄奄一息。繼位的司馬鄴（晉愍帝）為了拉攏那些擁有武裝的地主，肆意向他們授予將軍之職，卻忽略底層百姓生活。基礎的農業生產尚未恢復，統治階級內部不斷發生摩擦，這些都讓百姓生活更為艱難。

三一六年，匈奴再次進攻關中，圍攻長安。長安城中沒有足夠

大事記

世界

中國

307年，鮮卑人慕容廆自稱大單于

311年，匈奴攻破洛陽，擄走晉懷帝

的糧草，根本無法與匈奴人長久對抗，不久就被攻破，西晉王朝滅亡。

鮮卑崛起

在匈奴發展壯大的同時，鮮卑族也不甘落後，一路擴大統治範圍。三〇七年，慕容廆自稱鮮卑大單于，建立政權。為了追求安定的生活，有大批飽受戰火蹂躪的中原漢族，前來投靠慕容氏，慕容氏因而設立僑郡、僑縣，收留這些漢族百姓。人口遷徙，促成文化交流與碰撞。漢人把更先進的農耕技術帶給鮮卑族，鮮卑的貴族子弟也開始學習儒家文化。在漢文化的刺激下，鮮卑族快速成長，慕容氏也從中學習了一套統治國家的方法。

三三七年，慕容皝建立「前燕」，開始了鮮卑族的霸業征途。

歷史事件04

西晉的文化成就

西晉統治的時間不算長，前後不過五十一年，而且一直處於戰亂和動盪中。比較幸運的是，在文化領域產生了一批很有才華的人，給後世留下了許多經典著作。

最早的中醫脈學著作

在醫藥學領域，西晉著名的醫生王叔和博覽群書，苦心鑽研，分析歸納扁鵲、華佗（ㄏㄨㄚˋ ㄊㄨㄛˊ）、張仲景等醫學名家的實際醫學案例，並結合自己的臨床經驗，寫成《脈經》十卷，這是現存最早的中醫脈學著作。

《脈經》涵蓋西晉以前的脈學經驗，論述各種疾病的診斷方法，而在此之前，世上沒有一本專門的脈學書籍供醫者研究。所以，《脈經》不僅對於後世的脈學實務有極大幫助，最重要的是保存了大量古代中醫文獻資料，為中醫理論研究提供了豐富的素材。

最早的歷史地圖集

在地理學領域，裴（ㄆㄟˊ）秀的《禹貢地域圖》，是中國有文獻可考的最早的歷史地圖集。這部地圖集裡，裴秀提出「製圖六體」的理論。「製圖六體」是指繪製地圖的六項原則，也就是現代地圖學所提及的比例尺、方位和距離三要素——繪製地圖必須制定比例尺，確定兩者之間的位置，並求得兩者之間的直線距離。自裴秀之後直到明朝末年，繪製地圖的方法，都遵循製圖六體的理論，裴秀在地圖史的地位不言可喻。

大放異彩的數學研究

很多人害怕數學，沒想到一千多年前，魏晉期間竟出了一位偉大的數學家劉徽，提供了許多有用的解題方法，令人驚訝。

劉徽是中國古典數學理論的奠基人之一，他為《九章算術》做了注解，彌補原書不足。在《九章算術注》中，劉徽闡明各種解題方法的原理，給出簡要的證明，指出某些近似解法的精確程度和個別解法的錯誤，簡直就是一套解題大全。更重要的是，他開創了一些被後世長期普遍使用的數學方法，幫助解決數學問題。

陳壽寫《三國志》

史學領域的成就，可與數學相媲美。西晉結束了數十年分裂局面後，陳壽耗時多年，完成紀傳體史書《三國志》，完整記錄自東漢末年到西晉初年這近百年間，從分裂走向統一的歷史全貌。史學界把《史記》、《漢書》、《後漢書》和《三國志》，合稱「前四史」。

《三國志》是非官方的史學著作，也就是說，它並不是朝廷要求史官寫的。作者陳壽是從個人角度記錄這段歷史的相關情況，一經問世，就受到學術界好評。我們熟悉的《三國演義》，就是以《三國志》為藍本改寫而來。

成語講堂

洛陽紙貴

形容文章寫得好，風行一時。

晉朝文學家左思，以三國時魏、蜀、吳都城的風土、人情、物產為內容，編寫《三都賦》。剛完成時，並未受到重視。左思不甘心，請到著名文學家張華來評論，得到好評，《三都賦》果然很快的風靡洛陽。

當時還沒有發明印刷術，喜愛《三都賦》的人爭相抄閱，抄寫的人太多，洛陽的紙張一時供不應求，紙價大漲，這就是洛陽紙貴的典故由來。

▼〈海島算經〉是《九章算術注》的一卷，研究測量距離的應用題。

歷史事件05

魏晉時代的大明星：竹林七賢

讀到這裡，你是不是也發現了，魏晉時期是一個相當混亂的時期呢？

現實世界的混亂與痛苦，讓人們更加關注、追求精神世界

▲竹林七賢。

的自由。所以，這時期不強調道德風範，而是以一個人的外貌及精神氣質，做為評價的標準。這個時期出現一批很特別的人物，擁有獨特的人格特質，言行充滿魅力，在文化史上稱為「魏晉風流」或「魏晉風度」。其中最突出幾位人物，後人稱他們為「竹林七賢」。

「竹林七賢」指的是阮籍、嵇康、山濤、向秀、劉伶、阮咸、王戎這七人。因為他們的性情相近，所以後人將他們相提並論，給了他們「七賢」的名號。但他們並不是住在竹林裡，也不見得是固定在竹林裡聚會，即使有，也只是偶爾一兩次吧。不過，魏晉時候的士人，確實喜歡在依山傍水的地方聚會。

特立獨行　遠離政治

這七人都是世家大族出身，各有所長。阮籍、嵇康個性率直，不喜歡做官，而山濤、王戎在朝廷很有地位。劉伶喜歡喝酒，阮籍、阮咸、嵇康都擅長音樂。他們性情相投，喜歡在一起玄談、高歌、飲酒，不受禮法拘束，也不在意世俗眼光。

阮籍很有才華，個性比較孤僻，崇尚老莊哲學。他很不喜歡司馬家族，但司馬家族卻看上了他，甚至想把女兒嫁給他。阮籍愛喝酒，天天喝得爛醉，這才躲過了聯姻。

嵇康是當時魏晉士人的偶像，很會作詩，文章也寫得好。他和阮籍一樣，崇尚老莊思想，不喜歡政治。山濤好意推薦他做官，嵇康就和山濤絕交了。後來嵇康被司馬家族殺死，死前，他還是把兒子託付給了已經絕交的老朋友山濤。

山濤也喜好老莊，常常隱居在鄉里。起先他與嵇康、呂安關係很好，後來又結交了阮籍這個朋友。「竹林七賢」經過山濤介紹而互相認識，因為志趣相投，成為好友，漸漸有了日後的名聲。山濤四十歲才開始當官，但是他很會做人，又有政績，深受朝廷重用。

率性而為　精神自由

向秀也喜歡談論老莊思想，曾經寫過《莊子》注解。之後在山濤引薦下，認識了嵇康與阮籍。嵇康喜好打鐵，他倆經常在嵇康家門外一塊兒打鐵娛樂。嵇康和呂安死後，向秀心境更加淡泊了，寫下千古名篇〈思舊賦〉懷念老朋友。

劉伶也喜好老莊之學，是個追求自由的人，雖然長得醜，但是活得非常灑脫，與阮籍、嵇康的關係都很好。劉伶特別愛喝酒，被人們稱為「醉侯」，去哪都帶著酒，還讓人扛著鐵鏟跟著，說：「如果我醉死，就把我就地埋了。」

阮咸是阮籍的侄子，與阮籍並稱「大小阮」。阮咸非常豁達，世俗的禮節束縛不住他，在他看來，不穿衣服也沒什麼。他對音樂非常精通，琵琶彈得特別好，有「神解」的美譽。

王戎從小聰明過人，幼年就展現超齡的觀察力：「樹在道邊而多子，必苦李也。」他的膽子特別大，看見老虎也不害怕，連魏明帝都稱讚他是個奇童。他與父親王渾的好友阮籍，雖然年紀相差很多，卻是忘年交。他善於提出話題，能抓住要點，有很高的鑒賞力，很受當時名士欣賞。

原來是這樣啊

魏晉的文人與名士

文人與名士，也就是知識分子，是有教養的讀書人。在漢代，士大夫是位於統治階級的讀書人，大都擅長儒學。到了魏晉，讀書人大都研讀老莊思想，不喜歡政治，轉而追求文學與藝術。需要一提的是，這些士人大多是世家大族出身，享有特權，沒有太多生活壓力與煩惱，才有條件追求精神層面的寄託。

歷史事件06

並不太平的東晉

永嘉南渡

西晉末年發生八王之亂，隨後北方民族入侵，社會混亂。三〇七年，西晉的官員與百姓，不得不向南方逃亡，他們的目的地，是有著長江天險並且糧食充足、較為安定的江東。歷史上稱這一次大規模人口遷徙為「永嘉南渡」。

也是在這時候，琅琊[ㄧㄝˊ]王司馬睿[ㄖㄨㄟˋ]隨同王氏、諸葛氏等世家大族來到江東，重新建立晉朝朝廷。司馬睿是被東海王司馬越派

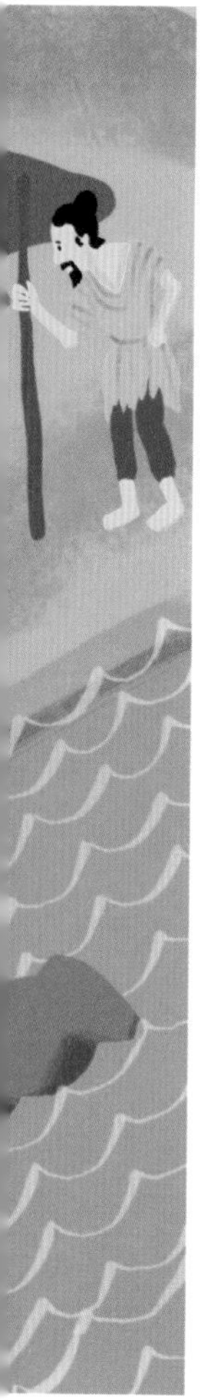

324年，君士坦丁一世成為羅馬帝國的獨裁統治者

322年，東晉大將軍王敦在武昌起兵，並攻佔都城建康

▲西晉官員與百姓大舉遷移南方。

大事記

世界	
中國	317年，司馬睿在南方正式稱帝，東晉開始；319年，羯人石勒稱趙王，建立後趙；劉曜稱帝，改國號為趙，歷史上稱為前趙

遣而來的，不過，此時北方的晉室正統依然苟延殘喘，司馬睿重建朝廷「名不正言不順」，只是做為王室的一個象徵而已。這個南渡之後建立的朝廷，實權其實都掌握在世家大族手中，尤其是王氏家族，他們才是這個政權真正的主導者。

直到西元三一七年，北方晉愍帝的死訊傳到江東，在南渡士族與江東士族擁戴下，司馬睿這才正式稱帝，建立東晉。

一國不容二「趙」

前面說到，匈奴人劉淵自稱漢王，建立了前趙（又稱漢趙）。劉淵病死之前，前趙與東晉打成平手，形成了南北兩朝對峙的局面。

劉淵建立的前趙，是由多個少數民族混合的政權，其中勢力最大的是匈奴和羯族。劉淵在世時，大家還能和平相處，他一去世，

330年，羅馬皇帝君士坦丁一世遷都到拜占庭，並將其改名為君士坦丁堡

337年，君士坦丁一世去世，羅馬帝國爆發內戰

329年，經過十年戰爭，後趙徹底擊敗前趙，佔領華北大部分地區，次年石勒稱帝

前趙立刻陷入混亂。在王室內鬥中，宗室將領劉曜獲勝，即位稱帝。但接下來，羯族領軍人物石勒發動叛亂，給前趙政權致命一擊。

石勒出身於部落一個小頭目的家庭，在戰亂中曾被販賣為奴隸。後來投靠劉淵，以襄國（現今河北邢台）為根據地，先後滅了好幾個在北方的西晉勢力，成為可與前趙分庭抗禮的勢力。

就在劉曜稱帝的同一年，石勒也自稱趙王，控制了漢趙的半壁江山，人們稱他建立的勢力為「後趙」。從那以後，劉曜與石勒互相征戰不斷。劉曜在關中地區無法處理好氐族、羌族的關係，導致叛亂不斷，直到前趙覆滅，也未能建立起一套有效的統治體系。相反的，石勒用謙卑的態度招攬有學問的官員，靠有效能的管理和能幹的部隊，持續擴充勢力。

西元三二八年，前趙、後趙在洛陽城西展開最後決戰，石勒大獲全勝，前趙主力被殲滅。後趙軍乘勝西進，消滅了前趙殘餘勢力，

大事記

世界

325年，羅馬帝國舉行第一次尼西亞公會議

中國

328年，東晉將領蘇峻發動叛亂，攻陷都城建康，不久戰敗被殺

前趙就此滅亡。石勒成為北方新的統治者。

北伐半途而廢

在北方各個勢力陷入混戰的時候，東晉朝廷選擇偏安江東。不過，東晉還是有不少壯士英豪立志北伐中原，興復晉室。其中最有名的，就是劉琨和祖逖（ㄊㄧˋ）。

劉琨年輕時是個文人，永嘉之亂後毅然從軍。在敗給石勒等人後，跑去投奔幽州刺史段匹磾（ㄆㄧˇ ㄉㄧ）。後來劉琨捲入鮮卑段氏的內訌，被下獄囚禁。東晉的權臣王敦很忌憚劉琨，慫恿段匹磾將劉琨及其子侄四人殺害了。

祖逖出身北方大族范陽祖氏，年輕時就喜歡研究兵法。永嘉之亂發生後，他帶領家族在江淮避亂，站上東晉抵禦北方入侵的第一線。他不滿足於被動防

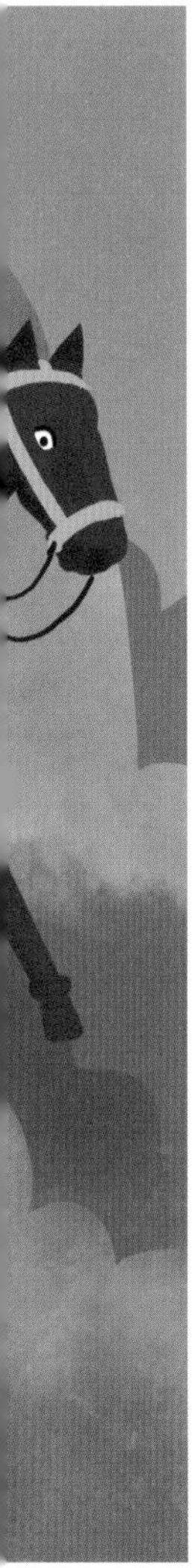

▲東晉北伐。

守，多次主動反攻北方，十分勇猛。三一七年，祖逖率領北伐軍收復了黃河以南的大片領土。但此時的東晉朝廷，既沒有收復失地的決心，又深陷權力鬥爭，根本無心北伐。祖逖憂憤而死，北伐大業也就後繼乏力了。

▲祖逖年輕時就很有抱負，為了報效國家，破曉雞鳴就起床練劍。

歷史事件07

一切都是世家大族說了算

九品中正制

兩晉時期，以九品中正制任用官員，但是司馬睿統治東晉的時候，選拔人才的制度形同虛設，朝政完全被王導、王敦為首的北方流亡士族，尤其是琅琊郡的士族把持。由於高門大族掌握了政權，使得人才選拔與任用管道，全由世族壟斷、分配。所以東晉的人才任用，不是看個人才幹與能力，而是取決於出身。甚至連婚嫁都有著嚴格的門戶區分，士族人家絕對不與寒門結親。

▲政治被世家大族壟斷，阻斷了寒門的階級流動。

到了後來，因為同等級的士族成員漸少，很多都是近親結婚。

這種壟斷式的士族政治，圈子狹小、通婚頻繁，加上貴族子弟出生之後就過著衣食無憂的生活，全然不知民間疾苦，多為平庸懦弱之輩，有才幹的世家子弟越來越少了。但即使如此，士族依然掌控九品中正制，阻斷寒門子弟上升的途徑，這也導致東晉後期連綿不絕的動亂。

王敦之亂與蘇峻之亂

門閥政治導致門閥鬥爭，在東晉初期發生了「王敦之亂」與「蘇峻之亂」。

王敦出身顯赫，擔任大將軍、江州牧等重要職位，掌握東晉在長江上游的軍事大權。而東晉的建立者司馬睿想重振皇權，所以琅琊王氏就成為他首先要解決的問題。

手握重兵的王敦當然不會坐以待斃。三二二年，王敦以討伐奸臣的名義在武昌起兵，這次起兵幾乎獲得所有士族支持，因此非常順利，不過，這也激起王敦的野心。他這麼有影響力，為什麼還要聽從司馬睿的命令呢？於是三二四年王敦再次進攻建康，試圖篡位稱帝。但這次赤裸裸的叛變行為，遭到全體士族反對，王敦在屢戰屢敗中病死，叛亂最終得以平息。

受到王敦叛亂影響，長期以來被阻擋在江北的流民軍隊，首次被東晉朝廷引來參戰，其中就有蘇峻的軍隊。蘇峻雖然接受討伐王敦的徵召，立功受封，但是這幫由流民組成的軍隊，一直不受朝廷信任。

三二八年，蘇峻也起兵造反了，雖然攻入建康，但是完全得不到士族支持，很快就戰敗而死。

原來是這樣啊

大家世族與門閥政治

雖然朝廷有選拔賢才的「九品中正制」，但是發揮不了功能，因為所有管道完全被世族壟斷。「中正」是負責考察、推薦官員的機構，他所推薦的人才，分為一品到九品，根據品級高低，官職有所不同。問題是，中正的推薦重點，除了一個人的品德與能力之外，更重要的是他的家世背景。如果父親官位高，他所能得到的品級也較高，一代一代下來，就形成非常難以打破的士族與門閥階級。這樣的政治，又稱為門閥政治。王敦、蘇峻、桓溫，他們的成敗都得看這些世家大族的態度。

▶ 王敦權力很大，漸漸有了造反的意圖。

屢敗屢戰的桓溫

桓(ㄏㄨㄢˊ)溫是東晉中期的重要權臣與將領，非常富有進取心，成漢政權就是被他消滅的。這一戰鞏固了桓溫的軍事地位，讓他政治威望大增，也得到特別的封賞，這就更方便他培植自己的勢力了。

桓溫原本打算以北伐來積蓄聲望與力量，接著取代東晉朝廷，自己做皇帝。事與願違，桓溫三次北伐卻無功而返。於是，他開始琢磨如何加強對東晉朝廷的控制，既然自己當不了皇帝，不如想辦法讓皇帝做他的傀儡。

桓溫逼反大臣袁真，廢黜舊帝，扶立新帝，積極清除異己，誅殺合不來的大臣，費了好大的功夫。但因為各方勢力都不認可、支持，直到臨死前，他的野心也未能實現。

▲大書法家王羲之非常愛鵝。

原來是這樣啊

書法家王羲之

琅琊王氏家族，出了王敦這樣對政治野心勃勃的人，也出了創造力非凡的偉大書法家王羲之。王羲之從小擅長書法，筆力深厚，被形容為「入木三分」。他的書法作品《蘭亭集序》，被宋代的書法家米芾ㄈㄨˊ譽為「天下第一行書」。

王羲之的兒子王獻之，書法俊秀風流，更具突破性。字體字形方長，遒勁有力，風格獨具。在晉末到南朝梁時期，王獻之對於當時書法的影響，甚至超越他父親。

歷史事件08

在東晉可以信仰什麼宗教呢？

東晉的道教

東晉時期戰爭太頻繁了。現實的悲慘，使得百姓試圖向宗教尋求心靈安慰，道教因而迅速發展成熟。道教汲取了中國的原始宗教和巫術，把老子、莊子代表的道家思想、秦漢時期的神仙方術、儒家的周易五行、民間流傳的養生術等融為一體。

東晉時代的道士葛洪，是改良民間道教的關鍵人物之一，他寫有一本道教經典《抱樸子》，融合多種道教方術，包括煉丹、養生、風水、占卜等。葛洪

◀魏晉時期，道教非常受歡迎，人們喜歡煉丹，追求長生不老。一種叫「五石散」的藥物深受名士喜愛。

所宣揚的思想，最主要的一點是：神仙是存在的，世人都可以通過修煉成為神仙，修煉的方法就是各種方術。葛洪努力讓道教的神仙理論更加完備而有系統。

葛洪在化學上有一定成就，他的煉丹術並不完全是胡編亂造。葛洪發現並記載了多種化學反應及化學現象，改良了煉丹設備與方法。但當時，統治階級信奉的是儒家學說，為使道教更易被接受，他把道教與儒家學說盡可能的融合在一起。

陶弘景則是道教改革的另一位關鍵人物。他所生活的南朝，我們在後面會介紹。在道教基礎上，陶弘景進一步發揚了醫藥學、養生學、煉丹學，並且創立道教的上清派。經由他的努力，原本在民間傳播的道教，被改造為官方的正統宗教。此外，他還寫了一本書《真靈位業圖》，設定完整的道教神仙體系，我們熟悉的太上老君、元始天尊等，都是他在這本書裡設定出來的。

佛教在東晉的發展

魏晉時期，佛教廣為傳播，研究佛經《般若》的般若學，是當時最主要的流派。佛經原文都是梵文，要傳播佛教，就需要把梵文佛經翻譯成大家能夠看懂的文字。於是兩晉、南北朝，都大力翻譯佛經，其中最重要的是法顯和鳩摩羅什所帶領的譯經團隊，兩次大規模譯經。我們現在使用的很多漢字詞彙，都是在翻譯佛經的時候創造的，包括「世界」、「未來」等等。

鳩摩羅什出生於西域龜茲國，從小就四處遊學，佛法素養深厚。長大後，鳩摩羅什名聲響亮。為了爭奪這位有名的高僧，幾個政權還曾大打出手。不過，這位傳奇人物曾被呂光扣留在涼州十幾年，吃了很多苦頭，甚至被迫娶妻。直到後秦姚興打敗呂光，才以國師的禮遇將鳩摩羅什請到長安宣講佛法，設立譯場，讓他召集八百多名僧侶翻譯佛經，大力發展佛教。

法顯則是中國歷史上第一位去海外求取佛經的僧人，比唐朝的玄奘（ㄗㄤˋ）早了兩百多年。他從西域走陸路抵達天竺（今印度），又從斯里蘭卡坐船，從海路返回中國，帶回許多佛教經典，做了大量翻譯工作。法顯耗時七年，翻譯了一萬多言的佛經，後來更撰寫了記載他旅行見聞的《佛國記》，又名《高僧法顯傳》。

佛經不斷的翻譯、推廣、普及，成為人們精神安慰的良藥，信仰佛教的人數大增，甚至梁武帝蕭衍等皇室貴族都是虔誠的佛教信徒。

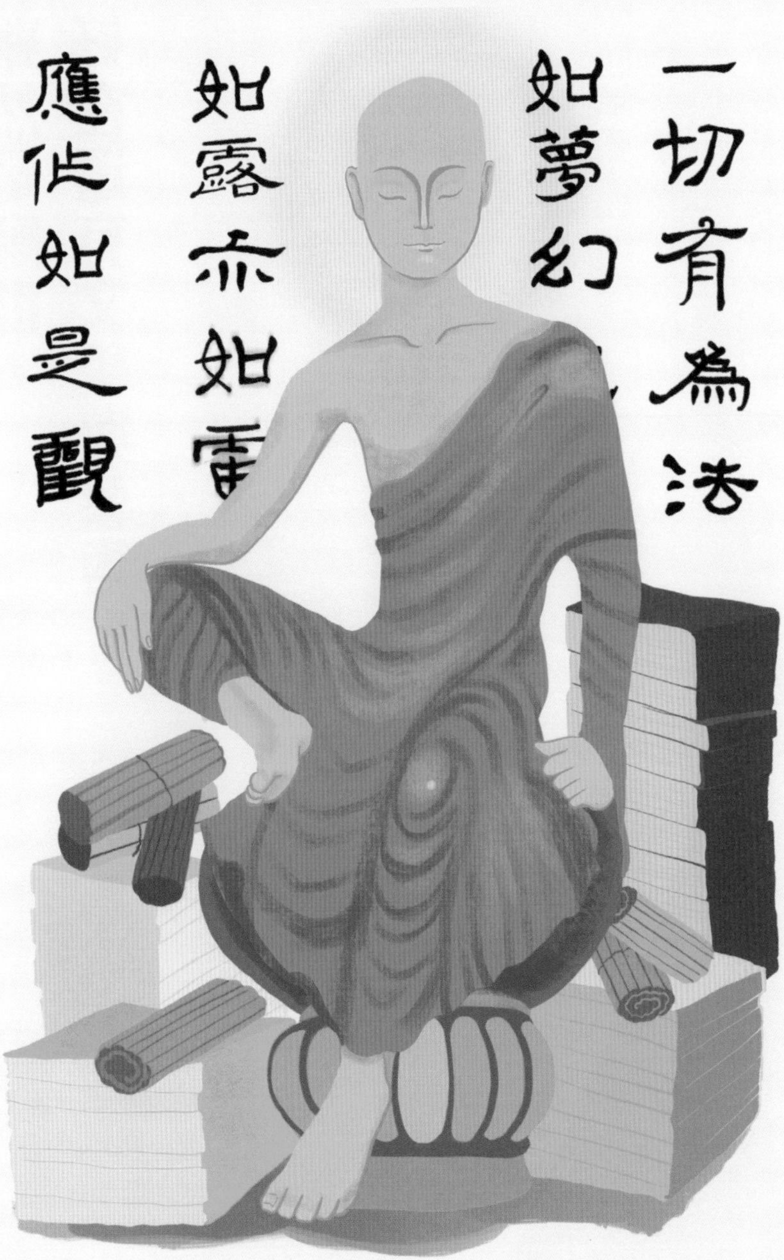

▲鳩摩羅什是東晉時期的知名高僧。

歷史事件09

雖然是亂世，好在還有文學與藝術

九品中正制，不但未能讓真正有才識的人出頭，反而成為滋養不學無術、無才無德的世家大族的土壤。儘管如此，世家大族仍出現了一些傑出的人物，誕生了不少優秀的藝術作品。

田園大家陶淵明

著名文學家陶淵明生活在東晉時代。他的先祖陶侃曾經地位顯赫，

◀東晉名士陶淵明。

但是到他出生的時候，家境已經衰落。陶淵明學識過人，性格更是十分耿直，不肯為了一點俸祿而屈膝討好上級，毅然辭職，留下了「不為五斗米折腰」的佳話。

後來陶淵明與家僕以種地為生，過著田園生活，充分領略大自然的美好，寫出了傳誦千古的詩詞和散文，最著名作品有〈歸去來辭〉、〈桃花源記〉、〈五柳先生傳〉、〈飲酒〉詩等等。他的詩文題材大都以田園生活為中心，許多讀書人都高度推崇、效仿，對後世文學影響深遠，唐朝的田園詩派，就不脫他的影響。

〈飲酒．其五〉

陶淵明

結廬在人境，而無車馬喧。
問君何能爾？心遠地自偏。
採菊東籬下，悠然見南山。
山氣日夕佳，飛鳥相與還。
此中有真意，欲辯已忘言。

畫家顧愷之

生活在東晉時期的顧愷之，是中國繪畫史早期非常重要的人物，擅長畫人物、山水及佛教題材。他畫人物最重神韻，尤其是眼睛，因為人的神采內心，全在眼睛裡。《世說新語》記載，有一次顧愷之為裴楷畫像，不僅不替裴楷遮醜，反而在裴楷的臉頰上點了三根毫毛，效果顯著，將裴楷的神采意趣，都生動展現出來了。

◀東晉著名畫家顧愷之。

顧愷之筆下的線條流暢而綿密，可惜因為年代久遠，真跡失傳，只留下少數摹本，如《女史箴圖》、《洛神賦圖》等，都是中國繪畫史的瑰寶。顧愷之也是繪畫理論家，著有《論畫》等，論述他以形寫神的創作實踐和技巧。

離奇小說《搜神記》

文學方面，東晉時候有一部著名的志怪小說——《搜神記》。它的作者是活躍在兩晉之際的著名文學家干寶，書中收集了很多民間故事和歷史傳說。雖然篇幅短小，情節簡單，故事卻非常離奇浪漫，可以說是中國神怪玄奇小說的代表作之一。後來的唐傳奇、《聊齋志異》，在體例、創作手法、內容等方面，都受到它的啟發。

歷史事件10

前秦的發展與敗亡

淝水之戰，東晉
有八萬兵力，前
秦有百萬兵力，
這一戰是誰勝利
了呢？

強盛的前秦

苻洪是氐人，做過後趙的將領，他去世後，兒子苻健繼承了他的勢力。苻洪雖然投降東晉，苻健卻與東晉不合，雙方反目後，苻健建立前秦。善於打仗的苻健多次成功抵禦東晉的進攻，讓前秦逐漸發展成一個強盛、穩定的國家。

西元三五七年，苻健的侄兒苻堅成為前秦的新皇帝。他深受漢人文化影響，崇尚儒學，重用卓越的政治家、軍事家漢人王猛。

王猛一上任，就大力打擊震懾欺負百姓的權貴、豪強，打破氐人貴族的權力壟斷，讓朝廷可以公正的選拔官員。

王猛總能一針見血的點明時局的關鍵，帶兵打仗的本領也很強，曾經親自帶兵滅亡了前燕，可以說，他是苻堅的堅實後盾。

苻堅非常關心百姓生活，認真發展西北地方的經濟。當時的人都讚揚苻堅統治的西北地方政治清平，經濟繁榮，是生活安定的好地方。

在王猛協助治理下，前秦日益強盛，逐漸統一了北方。

363年，羅馬帝國遠征波斯

353年，東晉書法家王羲之創作《蘭亭集序》

366年，敦煌莫高窟開鑿

以少勝多的淝水之戰

苻堅有意消滅東晉，統一全國。王猛死前一直極力反對這個想法，王猛認為前秦雖然發展得不錯，國力暫時看似比東晉強，但是打仗的消耗實在驚人，以前秦的國力，還不足以一統天下。而且東晉能憑藉長江的天險抗敵，前秦不該輕敵。

一開始，苻堅暫時聽從了王猛的勸誡，但王猛去世後，苻堅的野心就蠢蠢欲動了。一統天下是他的夢想，無論如何也想實現。於是他親自率領八十萬大軍，浩浩蕩蕩的進攻東晉。

東晉派出大將謝玄率領精銳部隊——北府軍迎戰，雙方在淝水相遇。苻堅手下將領建議他在河岸堅守，苻堅不

大事記

世界　350年，君士坦丁一世的兒子君士坦提烏斯二世平定叛亂，成為羅馬帝國唯一的奧古斯都（一個尊號）

中國　347年，東晉大將桓溫攻滅成漢

352年，氐人苻健稱帝，建立前秦，定都長安

聽，認為自己佔有武力上的絕對優勢，一定要渡過淝水攻打北府軍。渡河途中，東晉忽然發動攻擊，秦軍猝不及防，陣形大亂。東晉將領趁機大喊：「秦軍已經戰敗了！」前秦士兵的鬥志動搖，潰不成軍。趁著這個時機，東晉發起猛攻，擊敗了來犯的前秦大軍。

東晉以八萬兵力，大敗前秦八十萬大軍，使前秦國力大受損傷。東晉則趁機把國界從長江沿線推進到黃河沿線。淝水之戰是中國軍事史上有名的以少勝多的戰役。此戰之後，前秦衰落，北方又陷入動亂。

大事記

世界

375年，日耳曼民族開始大遷徙

中國

370年，前秦滅前燕

376年，前秦滅前涼，基本統一北方

成語講堂

投鞭斷流

比喻人馬眾多，兵力強大。

前秦苻堅統一北方後，決心調集百萬大軍，一舉消滅東晉。苻堅召集群臣商議，但大臣多不贊成，部下石越勸阻說：「從星象來看，今年不適合南進。何況晉有長江做為險阻，並不好攻。我們不如暫時固守國力，等晉內部鬆動，再伺機攻伐。」苻堅不以為然：「星象之事不盡可信。至於長江，春秋時的吳王夫差和三國時的吳主孫皓，他們都據有長江天險，最後仍不免滅亡。現在我有近百萬大軍，光是所有士兵把馬鞭投進長江，就足以截斷江流，還怕什麼天險？」苻堅不顧反對，執意出兵，卻因驕傲輕敵，被晉軍打敗，前秦從此一蹶不振。

「投鞭斷流」這句成語，典出北魏‧崔鴻《前秦錄》，從原文「吾之眾投鞭於江，足斷其流」演變而出。

成語講堂

風聲鶴唳

形容受到刺激後，變得脆弱不堪，一點風吹草動都會驚慌失措，也用來形容岌岌可危的處境。

苻堅的軍隊在淝水戰敗後，聽到風聲以及鶴的鳴叫聲，都恍惚以為是追兵的動靜，於是他們腳不停歇的逃跑。典出《晉書．謝安傳》。

草木皆兵

遇到風吹草動，都以為是敵兵。比喻驚恐不安，疑神疑鬼。

淝水之戰，前秦吃了敗仗，苻堅和屬下登樓觀察晉軍動態，看到晉軍陣列森嚴、舟船高聳，心中不禁開始害怕起來，甚至緊張到一有風吹草動，都以為是晉軍來襲。典故出自《晉書．苻堅載記》。常與「風聲鶴唳」連用。

▲風聲鶴唳，草木皆兵。

歷史事件11

南朝宋：窮小子劉裕拚出一片天

南朝和北朝

南北朝時期，形成了南北政權對抗的局面。南朝是指南方的宋、齊、梁、陳，它們是四個前後延續的政權；北朝是指北方的北魏，以及由它分裂而來的東魏、西魏，還有後來演變成的北齊、北周。

劉宋是南朝的第一個朝代。開國皇帝劉裕出身貧寒，後來憑藉自己努力，打破了只有世家大族才能掌握國家大權的狀

443年，東羅馬帝國敗給匈奴，簽城下之盟

450年，南朝宋文帝第二次北伐失敗

466年，南朝宋前廢帝劉子業被殺

況。劉裕看重能力而不是出身，他很願意提供機會給同樣草根出身的寒門子弟，改變命運。

劉裕崛起

劉裕年輕時家裡很窮，靠賣鞋子、捕魚賺錢。後來有了機會參軍，他便加入了當時赫赫有名的北府軍。

三九九年，一個名叫孫恩的人，發動了聲勢浩大的農民起義，跟隨他起義的人，最多的時候達到了數十萬！東晉朝廷見狀，趕忙派出劉裕所在的北府軍鎮壓起義。孫恩的據點在海上，每次打不贏朝廷的正規軍，就退回海上，等待時機再戰。他第三次起兵時遇上劉裕，被劉裕打得落花流水，損失慘重。幾個回合下來，「海盜」孫恩狼狽極了。

大事記

世界
433年，羅馬帝國名將埃提烏斯成為帝國實際統治者

中國
420年，劉裕代晉自立，定都建康，國號宋
430年，南朝宋文帝第一次北伐失敗
439年，北魏太武帝拓跋燾統一北方

平定孫恩之亂後，更強大的地方割據勢力——桓玄又造反了！魏晉南北朝時期就是這麼動盪不安，各路人馬爭相稱王稱霸。當時桓玄攻破了東晉的都城建康，勢不可擋，趕走了晉安帝，自己掌握大權。劉裕一點兒也不喜歡這個桓玄，便在四〇四年起兵推翻桓玄，並把晉安帝接回來繼續做皇帝，但是東晉的朝政，當然也變成由劉裕掌控了。

兩次北伐勝利

東晉雖然在南方重建朝廷，但一直沒有忘記收復北方的土地。西元四〇九年，劉裕發動北伐。一方面，他集中優勢兵力突襲南燕，在敵人衝鋒的路徑上設置了大量陷阱——拒馬樁，這些拒馬樁就是專門對付騎兵的障礙物。南燕的重騎兵在衝鋒時躲避不及，馬仰人翻，只能任由東晉步兵打殺。另一方面，劉裕派遣精銳騎兵偷襲後路，在兩路合擊下擊敗了南燕。劉裕因此被封為「宋國公」，宋的國號就是這麼來的。

　　這次北伐後，劉裕養精蓄銳，幾年後再次北上作戰，這次的目標是政局不穩的後秦。劉裕帶著軍隊毫無阻礙的進入關中平原，殺退了崛起中的北魏，還順利消滅了後秦，把東晉國土擴展到關中平原。

　　兩次北伐大勝之後，劉裕的勢力聲望都達到了頂點。四二〇年，劉裕接受晉恭帝禪讓，即位做了皇帝，定國號宋，歷史上稱為「劉宋」。然而此時宋武帝劉裕已經五十七歲，又過了兩年，就去世了。

劉宋的中興和覆滅

宋文帝劉義隆，是劉裕的第三個兒子，即位不久就清理了前朝重臣，將朝政掌握在手中。他提拔大批寒門人才，沿續父親劉裕的勤懇治國，體恤窮苦百姓，打擊豪強士族，大力發展教育、繁榮文化。

經過近三十年努力，宋文帝開創了亂世中難得的盛世——元嘉之治，這是南北朝時期國家治理的典範。可惜好景不長，隨著三次北伐戰爭無功而返，劉宋國力漸漸耗盡，朝廷矛盾激化。四五三年，宋文帝被太子殺害，後來即位的皇帝，一個不如一個。南朝第一個政權，就這樣走到終點。

歷史事件12

劉宋時期的文學與科學

偉大的科學家祖沖之

劉宋時期有一位偉大的科學家，名叫祖沖之。他改變了前人計算圓周率的演算法，採用新演算法，將圓周率推算到 3.1415926 與 3.1415927 之間，是最早將圓周率推算到小數點後七位的數學家。祖沖之父子合寫了一本數學論著《綴術》五卷，收入著名的《算經十書》。

經過精密計算，祖沖之還在劉宋大明六年推算出了「大明曆」，他將一個回歸年（又稱太陽年，地球由春分點出發回到春分點所需時間）的長度定為 365.2428141 日，與今天的推算值僅相差約五十秒。

▲科學家祖沖之，在天文、數學等方面，都有很高的成就。

機械製造方面，祖沖之設計製造了水碓磨。把水碓和水磨結合起來，大大提升農民舂米、磨粉的效率，促進江南經濟發展。此外他還設計製作了千里船，這種船利用輪子打水前進，一天能行一百多里！

南朝文學

南北朝時期，文學蓬勃發展；南朝風格華麗纖巧，北朝風格豪放粗獷。這一時期，最有代表性的文體是駢（ㄆㄧㄢˊ）文。這種文體特別講究，前後的句子不僅要兩兩相對、對仗工整，還得押韻，讀起來才美。因為多用四字或六字的句子來寫文章，所以又叫四六文。文學家鮑照、庾信等人，都是寫駢文的高手。

除了駢文外，南北朝時期的山水詩也很出色，它的開創者是著名詩人謝靈運。謝靈運把山水寫入詩歌，生動描繪各地美景。寫山水詩的人雖然很多，但人們大都認同謝靈運的山水詩是最為自然可愛的。他的詩歌風格影響了許多詩人，也被稱做山水詩鼻祖。

▲謝靈運是南北朝山水詩的開創者。

於南山往北山經湖中瞻眺

謝靈運

朝旦發陽崖，景落憩陰峰。
舍舟眺迥渚，停策倚茂松。
側逕既窈窕，環洲亦玲瓏。
俯視喬木杪，仰聆大壑淙。
石橫水分流，林密蹊絕蹤。
解作竟何感？升長皆豐容。
初篁苞綠籜，新蒲含紫茸。
海鷗戲春岸，天雞弄和風。
撫化心無厭，覽物眷彌重。
不惜去人遠，但恨莫與同。
孤遊非情歎，賞廢理誰通？

范曄寫《後漢書》

范曄（ㄧㄝˋ）是東晉著名的文學家，同時也是史學家，出生在一個士人家庭。做官的時候，得罪了彭城王劉義康而被貶職。苦悶的范曄便開始整理東漢史書，憑藉對歷史的獨到理解，寫出了記錄東漢歷史的《後漢書》。由於敘述周密，描寫生動，《後漢書》逐漸取代當時流行的各種東漢歷史著作，成為與《史記》、《漢書》、《三國志》並列的「前四史」之一。值得一提的是，《後漢書》有許多歌頌敢於對抗黑暗政治的正義故事，也嚴肅批判蠻橫、欺壓百姓的宦官外戚。無論是讚美還是批評，觀點立場都非常鮮明。

▲史學家范曄與他的代表作《後漢書》。

◀「超級編輯」劉義慶，編纂《世説新語》，記錄名人軼事。

劉義慶編《世說新語》

《世説新語》可以説是一部「介紹名士」的書。我們對魏晉時代那些風流人物的認知，很多都來自《世説新語》。這本書是南朝宋的宗室子弟劉義慶編輯的，他曾掌管國家圖書，有機會閱讀大批珍貴歷史資料。後來他自己出錢聘請當時著名的文學人士，一起編寫《世説新語》，記錄魏晉南北朝時代名人的言行和軼事。

歷史事件13

快速消亡的南齊

南齊的建立

劉宋的大臣蕭道成，因為平定叛亂有功，逐漸掌握了實權。在與政敵混戰中，蕭道勝利了，他接受劉宋順帝劉准禪讓，成為南齊開國皇帝。

蕭道成非常關心民間疾苦，提倡節儉，反對奢靡浪費，他也以身作則，把宮廷裡的金銀玉器都換成鐵器，禁止民間使用華麗的飾物。不過，他在位時間很短，只有三年，政績有限。

短暫的好時光

南齊人民的生活，是在齊武帝蕭賾統治時期好起來的，這段時期被稱為「永明之治」。蕭賾非常重視農業和教育，開辦許多學校。他明白戰爭對百姓生活傷害很大，所以他與北魏一直維持和平，這使國家和人民得到了休養生息的機會，經濟也就漸漸復甦。

在政治清明的永明年間，思想、文化得以迅速發展。齊武帝的二兒子蕭子良，結交了很多有名的文人，沈約、王融、謝朓等人，都是他的好朋友，這幾位著名的文學家，將平、上、去、入四聲應用在詩文，開創了後世律詩的規範，這就是「永明體」。

493年，日爾曼民族建立東哥德王國

494年，北魏孝文帝遷都洛陽，開始實施漢化政策

大規模戶口檢查

在這難得的好年景裡，也出現了一些不和諧的事情，比如牽連廣泛的「卻籍之亂」。

我們知道，南北朝時代的士族擁有政治特權，但越來越多的君主開始召募出身寒門的人才，所以寒門庶民慢慢崛起，有的庶民地主比士族還富有。但錢不是萬能的，庶民地主雖然有錢，地位卻遠不如士族，享受不到特權。於是，許多庶人地主就想假冒士族，在黃籍中偽造自己父親、祖輩的爵位，這樣就可以不用承擔賦稅和徭役了。

如果大家的戶口資料都造假，人人都有特權，誰也不繳稅，國家不就變窮了嗎？為了查證戶口真假，蕭道成在建立南齊政權後，展開大規模戶籍檢查。如果被查到戶籍造假，就會被註銷戶籍，變

大事記

世界	486年，克洛維一世獨霸高盧，建立法蘭克王國
中國	479年，蕭道成廢宋，建立南齊 485年，北魏孝文帝頒布實施均田制 南齊爆發「卻籍之亂」

成「黑戶」，這就是「卻籍」的意思。

戶口造假被抓，註銷戶口也就算了，還要全家流放。齊武帝蕭賾繼承了父親的做法，這期間造成很多冤假錯案，百姓怨聲載道，不少人畏罪逃亡。西元四八五年，唐寓之就是因為不願意接受戶口檢查，在富陽起兵叛亂。雖然叛亂被平息，但這場戰事終究是場災難。

最終，齊武帝與民間地主「握手言和」，宣布卻籍無效，同意

原來是這樣啊

南北朝的戶口登記

南北朝政權更迭頻繁，戰亂不止，人口流動頻繁。為了方便管理，那時候統治者用「黃籍」、「白籍」來統計人口。

黃籍是本地戶口，寫在黃紙上，所以叫「黃籍」。上面會登記人民的姓名、家中人數、有多少田地，以及賦役紀錄。如果是士族，還會登記父親、祖父的官職爵位。

白籍主要是北方人逃難南渡後，新製的臨時戶口，寫在白紙上，所以叫「白籍」。流民可能只是逃難暫住在現在的地方，所以白籍算是暫住證或臨時戶口。為這些流民定下戶口，國家就可以向他們收稅了。

▲南齊進行大規模戶口檢查，如果被發現戶口造假，就要流放充軍。

讓發配邊疆的平民回到原籍。但此時有人蒙冤充軍已經十年之久了，南齊因此元氣大傷。

南齊的衰落

齊武帝死後，他後面的皇帝，品行一個比一個糟糕，南齊也就步入衰落。開國皇帝蕭道成非常節儉，倒數第二個皇帝蕭寶卷卻鋪張浪費、肆意揮霍，使得國庫空虛，就把國家治理得亂七八糟。

蕭寶卷喜歡出遊，每次出遊都要拆毀民居，驅趕百姓，違者格殺勿論，理由是不喜歡百姓看見他。這類荒唐的事情多得說不完。後來蕭寶卷被大臣殺了，死時才十八歲。

▲蕭寶卷為了出遊，驅趕百姓。

原來是這樣啊

賦稅和徭役

每個人享有權利的同時，相對的需要承擔義務。賦稅和徭役，是古代人民對國家的「義務」。賦稅是統治者向民眾徵收的田賦和捐稅。徭役則是勞役、兵役，不論皇帝要蓋房子，還是國家要打仗，朝廷就會要求民間提供勞動力和士兵，這些都是沒有報酬的義務工作。

歷史事件14

南梁：皇室都是文青

沉迷佛教的梁武帝

梁武帝蕭衍是梁朝的創建者，在位長達四十七年，是南朝眾多皇帝中在位最久的。蕭衍和南齊皇室一樣，都出身蘭陵蕭氏。五〇二年，他接受南齊最後一任皇帝蕭寶融禪位，正式稱帝，建立南梁。

開國皇帝通常都比較認真治國，蕭衍在執政初期也是這樣，社會慢慢恢復穩定。不過，晚年的蕭衍篤信佛教，曾經幾次跑到寺廟「出家」，大臣想盡辦法才把他勸回皇宮。這麼折騰下來，漸漸荒廢政務，導致南梁後來動亂四起。

大事記

世界：500年，法蘭克王國國王克洛維一世征服第戎王國

中國：502年，蕭衍建立南梁

▲梁武帝崇信佛教。

侯景叛亂

侯景本來是北朝東魏的叛將，被梁武帝蕭衍收留，所以當梁朝要與東魏通好時，侯景就很不滿。五四八年，侯景一鼓作氣攻陷南梁都城建康，囚禁蕭衍，老病交加的蕭衍很快就去世了。侯景相繼擁立又廢黜了兩個傀儡皇帝。五五一年，侯景改國號為漢，自己當皇帝。直到五五二年，建康被梁軍收復，侯景被部下殺死，叛亂才算平息。

皇室都是文青

蕭衍喜愛文學與藝術，所以南朝梁在文化藝術領域，產生了許多優秀的文人，誕生了許多家喻戶曉的作品。蕭衍的兒子蕭統，

大事記

世界

中國

524年，北魏爆發六鎮之亂

534年，北魏大將高歡擁立孝靜帝，建立東魏，北魏正式分裂

535年，北魏大將宇文泰建立西魏

是南北朝時期的文學家，編著中國現存第一部文學作品選集《昭明文選》，收錄先秦至梁以前各種文體的代表作品，人稱「昭明太子」。蕭統的弟弟蕭綱（梁簡文帝），文學造詣極高，喜愛詩賦，作品以五言詩最多，與徐陵、庾信等人形成宮體詩的流派。此外，南梁還有許多值得一提的文藝成就，文人甚至為品評詩文，提出了一些理論。

文學評論出現

比如劉勰（ㄒㄧㄝˊ）創作的《文心雕龍》就是一例。劉勰是文學理論家、文學批評家，這裡「批評」的意思，是用一套理論去梳理、評價文學作品。《文心雕龍》就是一本給人們參考如何批評文學作品的文學理論專著。

劉勰之後，南朝的文學批評家鍾嶸創作了《詩品》，這是一本用來評論詩歌作品的理論，主要是評論五言詩。鍾嶸將漢朝到南梁的有成就的詩人，分為上、中、下三品進行評論，論述這些詩歌的藝術特徵。後人在評論詩歌時，多少都受到鍾嶸的影響。

宗教信仰自由

南梁時佛教盛行，梁武帝蕭衍篤信佛教。但是宗教信仰是自由的，並不是每個人都信佛教，也有人不相信神明存在，比如南朝的范縝就是著名的無神論者。范縝一生都在勇敢的向佛教宣戰，還曾經與崇信佛教的皇帝蕭衍辯論。他的代表著作《神滅論》認為，人的精神與肉體是互相結合的，有了肉體，才有精神，肉體毀了，精神也就隨著消滅了。

趣味典故

畫龍點睛

把龍畫得栩栩如生，為它點上眼睛，龍便乘雲飛去。比喻繪畫、寫文章時，在最重要的地方，神來一筆，使作品更加生動傳神。也用來比喻做事能握要點，讓整件事更加圓滿。

典故出自晉代王嘉編寫的《拾遺記．秦始皇》，這本書蒐集許多古代的奇聞異事，其中有一篇記載秦始皇時候發生一件怪事。傳說在始皇元年，有個小國獻給秦始皇一位手藝精湛的工匠，精通畫畫、雕刻。他雕出來的動物都像真的一樣，他畫的龍鳳也十分傳神，但是都沒有點上眼睛，因為據說點了眼睛就會真的飛走了。

唐代張彥遠的《歷代名畫記》，也提到南北朝時期，梁朝畫家張僧ㄙㄥ繇ㄧㄠˊ曾在金陵安樂寺壁上畫了四條龍，形象逼真，只是沒有眼睛。旁觀的人問他為何不把眼睛補上去，他說：「畫上了眼睛，龍就會飛走。」大家不信，吵著要看龍怎麼飛，張僧繇只好提筆在眼睛位置輕輕一點，立刻烏雲密布，電閃雷鳴，被點上眼睛的龍有了生命，騰空飛上天去，在雲霧中穿行。見此景象，大家驚歎不已。後來就用「畫龍點睛」來比喻神來一筆。

歷史事件15

南陳：亡國猶唱〈後庭花〉

南北朝時期，每個手握權力的人，都想趁此機會建功立業，即使在相對安穩的江南地區，皇帝也總是換來換去。陳朝的開國皇帝陳霸先，就是這時崛起的。

陳霸先雖然出身低微，沒有顯赫的家族幫他謀個好爵位，但是他運氣不錯，有幸得到皇子的賞識，漸漸手握軍權。南梁末期，侯景起兵叛亂的時候，梁朝根本沒辦法應對。朝廷無能，讓陳霸先萌生取而代之的想法。

五五七年，陳霸先廢掉了梁敬帝，自己當皇帝，建立陳朝，這也是南朝的最後一個政權。

大事記

世界

561年，法蘭克王國再次分裂為四國

中國

557年，陳霸先建立陳朝

559年，陳文帝即位後大力革除南梁奢侈風氣南北朝時，江南地區相對安定，經濟、文化也比較發達。加上梁武帝蕭衍在位時縱容門閥士族，導致南梁末期，各個豪族無不沉迷享樂，鋪張浪費。

南陳的第二位皇帝陳文帝即位後，針對南梁遺留的奢侈風氣加以整頓，被南梁拖垮的民生總算恢復起來。不過，一個朝代的亡國之君，大多不像他們的祖輩那樣懂得管理國家、體恤民情。南陳最後一位皇帝陳叔寶就是如此。

陳叔寶在位的時候，北方的隋朝已經建立了。而他天天不務正業，忙著玩樂、寫歌詞，著名的亡國之音〈玉樹後庭花〉就是他的創作。後來〈後庭花〉成為唐朝時候的教坊曲名。

陳叔寶疏於朝政，朝臣孔范藉機掌控朝政。陳叔寶不喜歡聽壞事，所以，一有不好的消息，孔範就扭曲事實，把壞事説成好事，甚至隋軍即將渡江進攻了，孔范還説長江自古就是天塹(ㄑㄧㄢˋ)，隋軍不可能渡過，更何況他孔範會帶兵大敗隋軍！這樣的南陳根本不是隋軍的對手。五八九年，隋軍攻入建康，俘虜了陳叔寶。從陳霸先稱帝到陳叔寶亡國，南陳僅存在三十二年。

歷史事件16

北魏：再統一與再分裂

北魏的建立

說完了南朝，再來看看北朝。淝水之戰後，剛剛統一了北方的前秦分崩離析，黃河以北再次陷入分裂狀態，直到北魏建立。

而就在北魏逐漸統一北方時，南方的劉宋政權也取代了東晉，南北對峙的格局就這樣形成，這就是歷史上「南北朝」的開始。

連年戰亂下，北方經濟生產大受破壞，人口、糧食、耕地、金錢都很匱乏。五胡政權與漢人政權的管理制度也很不同，為了爭取民心、加強治國，北魏決定進行漢化改革。

▲南北朝局勢已定，北魏與劉宋對峙。

其實北魏從建國開始就非常注重學習漢文化。對胡人來說，漢人的知識、技術都更領先，因此，第二代皇帝拓跋燾（ㄊㄨㄛˋ ㄅㄚˊ ㄊㄠˊ），加強推動漢化，他認為要想鞏固統治，不能僅靠軍事力量，也需要加強禮、樂、法治教育。拓跋燾提出「偃（ㄧㄢˇ）武修文」的口號，呼籲不要再打仗了，而是多發展文化與教育。他尊崇孔子，提倡學習儒學，提拔漢族知識分子。就這樣，原本落後的北魏，在政治制度等各方面都開始轉變、進步。

原來是這樣啊

田地怎麼分配？

四八五年，北魏頒布新的田地分配制度——均田制。按照均田制規定，當人民老了或去世了，無法耕種田地時，國家會把土地收回，再分配給他人。為了鼓勵開墾荒地，還會按每戶人家的人口來平均分配土地。從國家的角度來看，政府可以直接控制地主與農民，這也保障國家有穩定的賦役。

進行漢化改革

雖然北魏在四三九年統一北方後就開始推行漢化，但是這個由鮮卑族建立的少數民族政權，常年處於戰爭中，漢化進行得並不徹底。北魏全面漢化，是從孝文帝拓跋宏開始的。

▲北魏進行漢化改革，採取了一系列措施，鮮卑人開始穿漢服、說漢語。

孝文帝登基時只有四歲，他的祖母馮太后是漢人，非常支持漢化政策，所以孝文帝也耳濡目染。他親政之後，便全面改革鮮卑的舊習俗，讓大家穿漢服、說漢語、改漢姓、與漢人聯姻。此外，他還參照南朝的典章，修改了北魏的政治制度，並把都城遷到洛陽，方便大家學習漢文化，也更方便他管理國家。學習漢文化，使北魏的經濟、文化、社會各方面都快速發展起來。

再一次分裂

一切事物都有起有落，國家更是如此。漢化改革讓北魏發展起來，但不能保證它永遠強盛。北魏覆滅的起點是五二四年發生的「六鎮之亂」，這次起兵的主角是鮮卑族的士兵。

六鎮的軍隊，是北魏政權在建國初期最能依靠、最被信任的主力，但都城遷到洛陽後，他們的待遇、地位大不如前了。六鎮將領還苛扣士兵的工資和食物，引起士兵反彈。這次起兵雖然失敗，但從此讓北魏統治階層陷入內訌。

高歡和宇文泰是當時最有實力的人。高歡是北魏官員，宇文泰是鮮卑族宇

▲勢均力敵的高歡、宇文泰，分別建立了東魏、西魏。

文家族的後裔，雙方勢均力敵，最後把北魏分裂成為兩個政權。高歡建立了東魏，定都鄴城；宇文泰建立了西魏，定都長安，與東魏對峙。

北魏內部對於漢化及遷都，意見本來就不一致。內部矛盾激化，導致北方再次進入分裂狀態。

原來是這樣啊

「定姓族」政策是怎麼回事？

「定姓族」是北魏孝文帝的漢化改革政策之一，讓鮮卑人改漢姓。鮮卑人的姓氏和漢人的姓氏很不一樣，由孝文帝親自做出規定，比如皇家的姓氏是「拓跋」，它所對應的漢人姓氏是「元」，這是地位最高的家族。再往下，還有鮮卑貴族八大姓氏：「丘穆陵」一族的姓氏改為「穆」，「獨孤」改姓「劉」，「賀樓」改姓「樓」，「步六孤」改姓「陸」，「賀賴」改姓「賀」，「勿忸」改姓「于」，「紇奚」改姓「稽」，「尉遲」改姓「尉」。

在當時，漢人還處在門閥社會，非常講究身分，為了深化與漢人的融合，孝文帝制定了鮮卑的貴族等級，用來與漢人的身分等級對應，也方便兩族通婚。可以說，改姓的政策，同時形成了一個全新的貴族制度。

歷史事件17

北魏的佛教與文化生活

為什麼要「滅佛」？

佛教興起之後快速發展，卻造形賦役隱憂。因為僧侶可以免除賦役，所以許多人為此出家，信徒還會向佛寺捐錢。越來越多的人力、錢財脫離國家掌控，這對於志在統一的太武帝拓跋燾來說是難以接受的。加上他已改信道教，於是開始對佛教下手。北魏太武帝滅佛，是中國歷史上第一次滅佛運動，這場運動從四四六年起，持續了六年。

絕美的石窟藝術

雖然拓跋燾發起滅佛運動，但是佛教還是持續在北魏發展。雲岡石窟（在現今山西境內）、龍門石窟（在現今河南境內）都是這時候誕生的。

雲岡石窟的開鑿，前後歷經近七十年，分為早期、中期、晚期三個階段。三個階段的石窟形制、佛像內容與樣

式，各有不同。

曇曜是北魏佛教高僧，在北魏太武帝滅佛之後，是佛教復興的重要人物。文成帝拓跋濬很尊重他，讓他主持早期的雲岡石窟開鑿。曇曜主持開鑿的五個大型石窟，後人稱為「曇曜五窟」，每個石窟中間都有一尊巨大的如來佛像，氣勢恢宏。

石窟開鑿中期，正

龍門石窟

好是北魏最興盛的時期，有全國最優秀的工匠雲集。這個時期的佛像漢化風格明顯，精雕細琢，非常華美。晚期的石窟大多是私人開鑿的，佛像看起來十分清瘦，「秀骨清像」的造像風格就是這時候開始的。晚期石窟中，還大量描繪了當時的世俗生活，這為後人打開了一扇了解當時社會的窗口。

▲北魏太武帝滅佛運動。

龍門石窟的開鑿，歷經北魏、東魏、西魏、北齊、北周、隋唐等朝代，前後四百多年，主要是由北魏和唐朝工匠開鑿的。大型造像較多，最大的佛像有十七公尺，幾乎相當於五層樓高！

不同時期的石窟造像，藝術風格都與各朝代的審美非常接近。例如北魏以瘦為美，所以佛像都比較清瘦；唐朝以胖為美，佛像比較圓潤。

突出的科技成就

隨著北魏政局逐漸穩定，學者也有較好的條件做研究了。知名的地理著作《水經注》，農學著作《齊民要術》，都是這時候寫成的。

《水經注》是著名地理學家酈道元的旅行筆記。從書名看來，它是對《水經》這本古書做的注釋，不過這本書寫的可遠遠不止《水經》中的內容，還包括了與河流有關的歷史遺跡、人物故事、神話傳說等等。

《齊民要術》成書於北魏末年，作者是著名的農學家賈思勰（ㄒㄧㄝˊ），這是世界農學史上最早的專著之一，也是中國現存最早的一部完整的農書，被譽為「中國古代農業百科全書」。

值得一提的是，北魏還誕生了書法藝術史上獨特的字體「魏碑」。魏碑都是刻在石頭上的，風格多樣，有著隸書和楷書兩種字體的神韻，後世書法家都很喜歡借鑒學習。現存的魏碑作品不少，展現書法藝術的高峰。

歷史事件18

戰火中誕生的北朝民歌

清代詩人趙翼有句詩常被引用：「國家不幸詩家幸。」意思是說，越是動盪的時代，國家的災難越是為詩人提供養料，激發他們慷慨悲歌，寫出精采詩文。同樣的，東魏、西魏連年征戰，催生出許多膾炙人口的民歌，保留在《樂府詩集》的就有七十多首，其中最為耳熟能詳的，有：「天蒼蒼，野茫茫，風吹草低見牛羊……」的《敕勒歌》，以及「唧唧復唧唧，木蘭當戶織。不聞機杼聲，惟聞女嘆息……」的《木蘭辭》。它們原

敕勒川，陰山下，天似穹廬，籠蓋四野。

天蒼蒼，野茫茫，風吹草低見牛羊。

——《敕勒歌》

本出自北朝鮮卑文化，日後卻融入了漢文化。

《敕勒歌》這首民歌描繪了遼闊草原的日常場景，歌詞簡單、琅琅上口，傳唱千百年。《敕勒歌》的作者難以查考。傳説東魏與西魏在玉壁對決的時候，東魏的實際統治者高歡患了重病，謠傳他已病死，東魏軍隊的士氣大受打擊。高歡抱病坐在大帳中，派將軍斛律金用鮮卑語唱起《敕勒歌》來提振軍心，東魏大軍士氣頓時高漲，這首民歌也流傳了下來。

而《木蘭辭》講述了木蘭代替父從軍的故事。當時戰亂不停歇，徵兵是常有的事，木蘭不忍心老弱的父親再次經歷從軍的辛苦，就女扮男裝代替父親從軍。《木蘭辭》基本的情節框架在北朝完成，經過民間集體創作與改編，在唐朝初期最終定稿。「花木蘭代父從軍」的故事也是根據這首民歌而來。

歷史事件19

西魏：我是皇帝，但我說了不算

西魏的建立

前面提到，北魏最後分裂成為東魏和西魏，這是怎麼回事？

五三四年，北魏孝武帝元修不想再受權臣高歡控制了，恰好這時候，另一位權臣宇文泰對元修表示效忠，願意出兵援救，於是，元修便逃到關中投奔宇文泰。

西魏真正的統治者並不是皇帝，那麼究竟是誰呢？

大事記

世界

中國：546年，東西魏之間爆發玉壁之戰，東魏慘敗，次年高歡去世宇文泰幫助北魏正統皇室，博得好名聲，逐漸有了與高歡相抗衡的實力。可是，擁有了強大勢力的宇文泰不想單純做大臣了，於是他設計毒殺了孝武帝元修，改立孝文帝的孫子元寶炬為皇帝，西魏的歷史就是從這裡開始的。有了聽話的新皇帝，宇文泰也成為真正的掌權者。

局面大扭轉

西魏的國力原本比東魏弱。五四六年，西魏想聯合草原部落柔然一起進攻東魏，誰知卻被東魏高歡發覺，高歡設法瓦解西魏與柔然的聯盟，並且進攻西魏。

西魏與東魏在玉壁交鋒，這就是「玉壁之戰」。意外的是，兵力更強的東魏居然落敗了，高歡還因這一戰得了重病。他死後，重臣侯景不喜歡東魏的新掌權者，於是先後投靠西魏和南梁。宇文泰則趁機攻打東魏，扭轉了局勢。

西魏的皇帝雖然姓元，但西魏真正掌權者一直都是宇文泰。元氏也想要反抗宇文泰，奪回實權，卻不是這位位高權重的大臣的對手。五五六年，宇文泰病重，將國家政權交給兒子宇文覺。他死後，宇文覺即位稱天王，改國號為周，取代了西魏。西魏就這樣在歷史的長河中消失了。

▼玉壁之戰，高歡又是建土山，又是撞城牆，這些攻勢都被鎮守的將軍韋孝寬化解了。

歷史事件20

北齊：石窟藝術大放異彩

高洋建立北齊

高歡病死之後，他的大兒子高澄繼承了東魏大丞相的位置。高澄是一位手腕高明的政治家，本來想篡位自己做皇帝，可是天意難料，二十八歲的高澄被人刺殺，東魏政權落到了他弟弟高洋手裡。

五五〇年，高洋廢東魏皇帝，自己登上帝位，並改東魏國號為齊，史稱北齊。北齊的前期國力還算強盛，在高洋統治下，漢人得到重用，朝廷對貪污的行為也不容忍。但「成

大事記

世界	554年，查士丁尼一世征服東哥德人，基本恢複了羅馬帝國版圖
中國	550年，高歡之子高洋建立北齊，東魏滅亡
中國	557年，宇文覺建立北周，西魏滅亡

▲北齊皇宮。

也高洋，敗也高洋」，他的本性非常殘暴，虐殺大臣毫不手軟，朝中大臣都不敢談論政事，人人自危。

高洋的殘暴，表面上鎮壓了北齊鮮卑族與漢族勢力，實際上卻使國家更混亂。他執政不到十年，三十多歲就死了。北齊雖然先後有六位皇帝即位，但在歷史上僅僅存在二十七年。

▲北齊響堂山石窟。

北齊的石窟建造

北齊時期，佛教在民間的影響力還是很大，大量佛經被翻譯成中文，許多佛教信眾都會抄寫或鐫刻佛經。當時非常流行在天然石材上刻下經文，讓世人觀看，這種方式又叫「摩崖刻經」。著名的響堂山石窟（在現今河北境內），保留了大量石刻經書，以及四千多尊佛像。可惜的是，這座歷經千年的石窟，遭受多次毀壞，許多佛像都成了「無頭」石像。

響堂山石窟可以分為北響堂山和南響堂山，距離它們不遠處，還有一個小響堂寺。北響堂山石窟是由高洋主持建造的，是一座皇家石窟。這個地方風景優美，佛教又是北齊的國教，所以高洋決定在這裡開鑿石窟。

北齊的佛像很有特色，自成獨特的北齊造像風格，對後來隋唐佛像產生影響。佛教本身的發展變化可能並不大，但佛像的風格在不同朝代卻各有特點。北齊時候的佛像，看起來形體強健，風格比較豪邁，佛像的服裝也出現薄衣貼體的樣式。

歷史事件21

滅佛運動與北周崛起

北周有許多人信奉佛教，北周皇帝為什麼要反對佛教呢？

北周是西魏權臣宇文泰的兒子宇文覺建立的，不過，宇文覺的皇位沒坐多久，就被他的堂兄宇文護給毒死了，死時才十五歲。宇文覺死後，他的弟弟宇文毓和宇文邕（ㄩㄥ）先後被推上帝位，宇文邕就是歷史上著名的周武帝。

佛教在北魏末年影響力極大，那時候全國有三萬多所佛寺，僧侶、尼姑多達兩百萬人。然而這並不是北周統治者希望看到的，大批年輕人出家去了，這意味著北周失去了許多士兵

581年，北周大臣楊堅建立隋朝

589年，隋朝滅亡南陳，大分裂時代結束，中國重新統一

▲北周武帝滅佛。

大事記

世界

中國

572年，北周武帝宇文邕殺權臣宇文護，親掌大權

574年，北周武帝下令滅佛

577年，北周滅亡北齊，北方地區再次統一

和苦力。在古代，人力可是非常寶貴的資源。寺院越是繁榮，越是影響了北周的穩定和發展。

五六七年，大臣衛元嵩（ㄙㄨㄥ）勸周武帝下令毀滅佛法，改變現狀。但由於當時權傾朝野的宇文護是佛教徒，周武帝說了也不算，所以滅佛的事只得推遲。不過，滅佛運動也不是周武帝任意決定的，在實施滅佛政策之前，皇帝和大臣其實進行了多次辯論，探討佛教優劣。

宇文護被周武帝剷除後，滅佛運動正式開始。從五七四年開始，大量佛塔和佛像被毀滅、破壞，寺廟的錢和地被收歸國家，已經出家的僧尼被迫還俗。在這次滅佛運動中，受到破壞的不只是佛教，還有道教。

滅佛運動讓北周國力大增，兵源也日益充足，為出兵北齊、統一北方打下了基礎。

魏晉南北朝的分裂與變遷

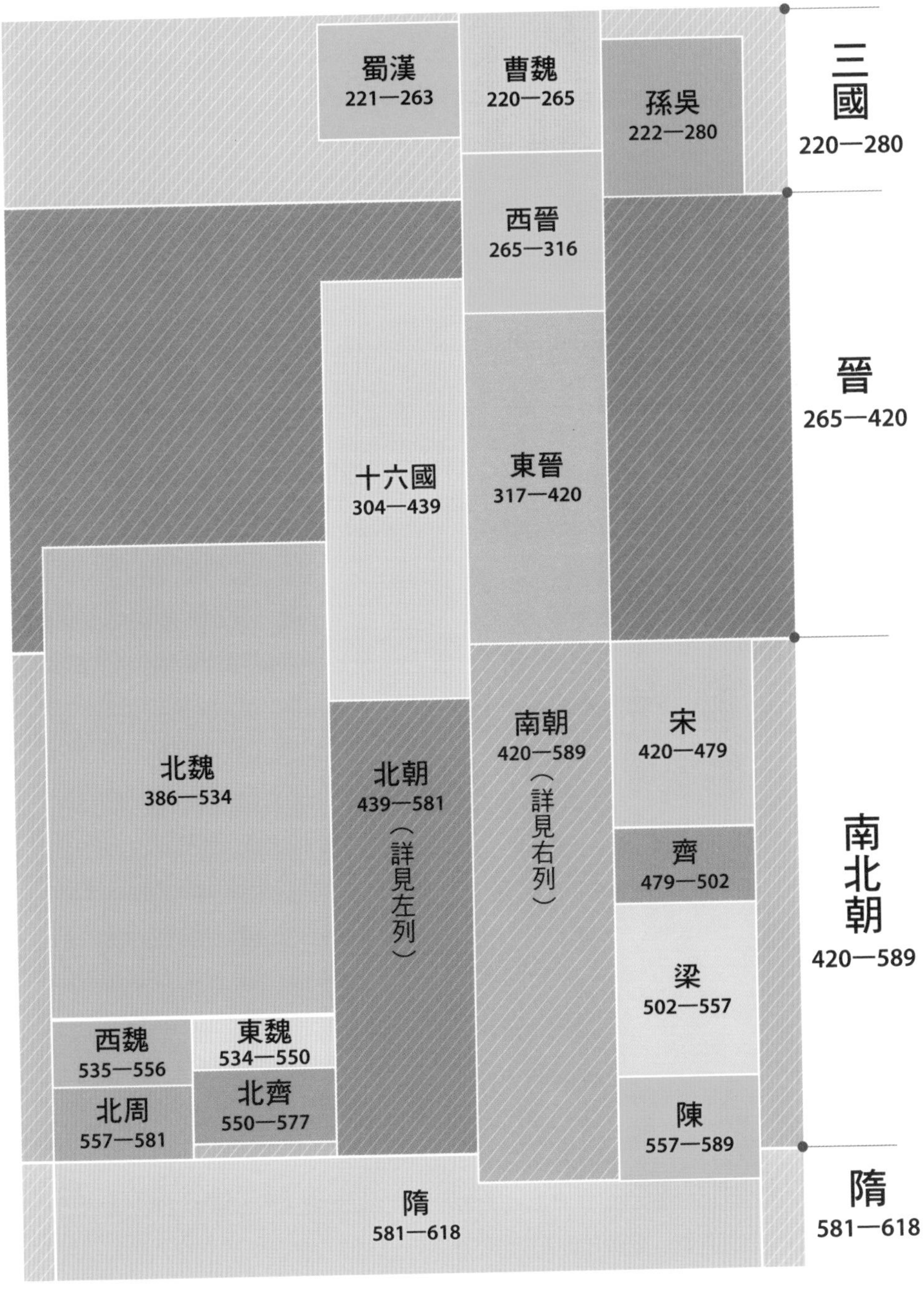
蜀漢
221—263
曹魏
220—265
孫吳
222—280
三國
220—280
西晉
265—316
十六國
304—439
東晉
317—420
晉
265—420
北魏
386—534
北朝
439—581
（詳見左列）
南朝
420—589
（詳見右列）
宋
420—479
齊
479—502
梁
502—557
陳
557—589
南北朝
420—589
西魏
535—556
東魏
534—550
北周
557—581
北齊
550—577
隋
581—618
隋
581—618

歷史就是這樣演進的！

這部歷史從夏朝開始說起，這是因為在此之前有關三皇五帝等傳說，由於缺少歷史證據，往往被視為神話。

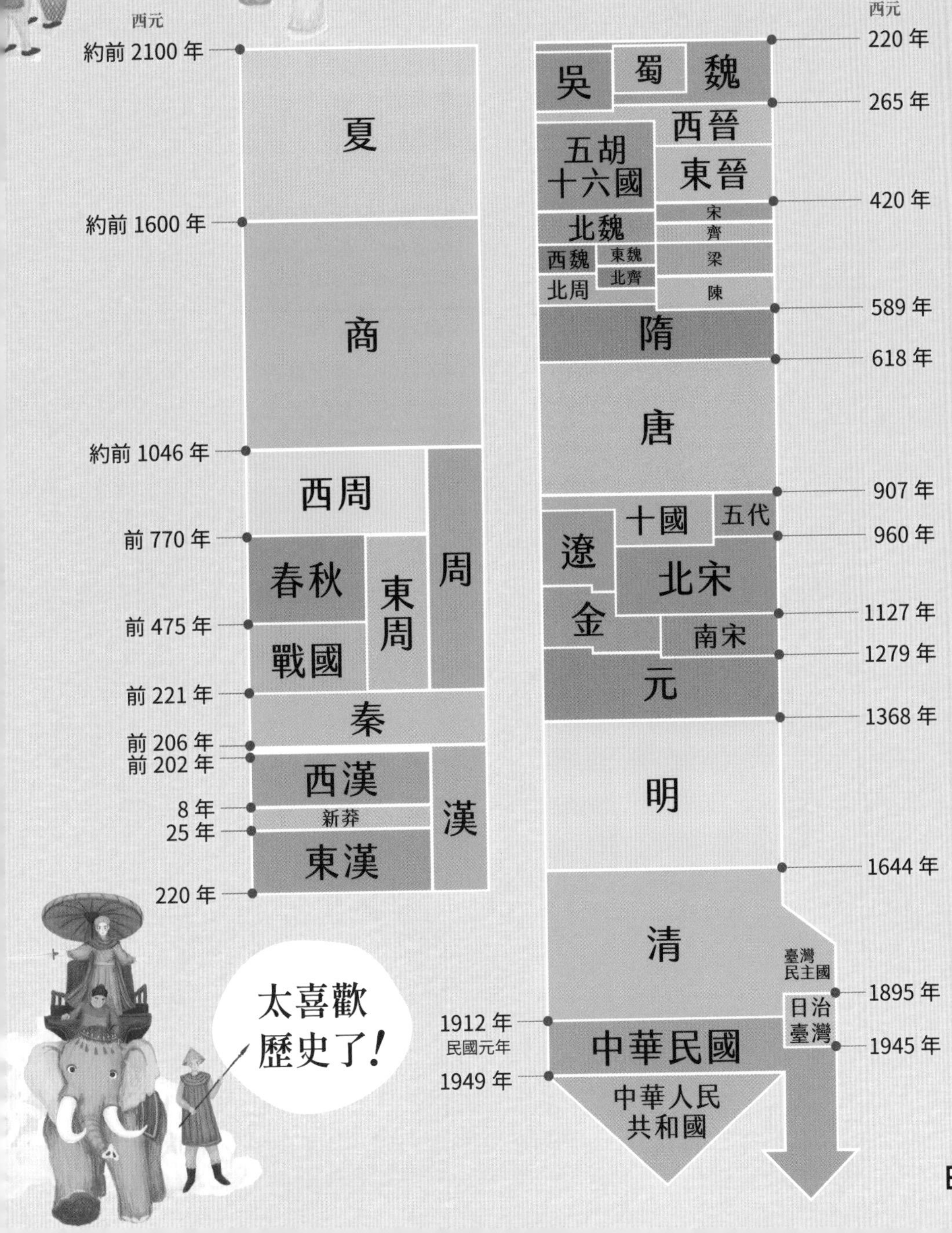

字畝

歷史就是這樣變化的！

歷史上，每個時代的疆域面積、統治族群，以及國都所在位置，都不斷的變化。而「統一」往往就是「分裂」的開始，分分合合是歷史常態。領土、統治族群、生活方式，也必然隨著時代演進，持續變動。歷史就是一部人類生存的變動史。

	朝代	都城	現今地	統治族群	開國
	夏	安邑	山西夏縣	華夏族	禹
	商	亳	河南商丘	華夏族	湯
周	西周	鎬京	陝西西安	華夏族	周武王姬發
周	東周	雒邑	河南洛陽	華夏族	周平王姬宜臼
	秦	咸陽	陝西咸陽	華夏族	始皇帝嬴政
漢	西漢	長安	陝西西安	漢族	漢高祖劉邦
漢	新朝	常安	陝西西安	漢族	王莽
漢	東漢	洛陽	河南洛陽	漢族	漢光武帝劉秀
三國	曹魏	洛陽	河南洛陽	漢族	魏文帝曹丕
三國	蜀漢	成都	四川成都	漢族	漢昭烈帝劉備
三國	孫吳	建業	江蘇南京	漢族	吳大帝孫權
晉	西晉	洛陽	河南洛陽	漢族	晉武帝司馬炎
晉	東晉	建康	江蘇南京	漢族	晉元帝司馬睿
南北朝	南朝 宋、齊、梁、陳	建康	江蘇南京	漢族	宋武帝劉裕等
南北朝	北朝 北魏、東魏、西魏 北齊、北周	平成 鄴 長安	山西大同 河北邯鄲 陝西西安	鮮卑 漢族 匈奴等	拓跋珪、元善見 宇文泰等
	隋	大興	陝西西安	漢族	隋文帝楊堅
	唐	長安	陝西西安	漢族	唐高祖李淵
	五代十國	汴、洛陽 江寧等	開封、洛陽 南京等	漢族	梁太祖朱溫等
宋	北宋	汴京	河南開封	漢族	宋太祖趙匡胤
宋	南宋	臨安	浙江杭州	漢族	宋高宗趙構
	遼	上京	內蒙古	契丹族	遼太祖耶律阿保機
	金	會寧	黑龍江哈爾濱	女真族	金太祖完顏阿骨打
	元	大都	河北北京	蒙古族	元世祖忽必烈
	明	應天府	江蘇南京	漢族	明太祖朱元璋
	清	北京	河北北京	滿族	清太宗皇太極

註：限於篇幅，本表不含各朝代後續遷都詳情。

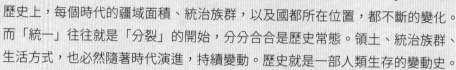

國家圖書館出版品預行編目（CIP）資料

太喜歡歷史了：給中小學生的輕歷史 . 5, 魏晉南北朝／知中編委會作 . -- 初版 . -- 新北市：遠足文化事業股份有限公司字畝文化出版：遠足文化事業股份有限公司發行 , 2021.10
面；　公分
ISBN 978-986-0784-89-3（平裝）
1. 中國史 2. 通俗史話
610.9　　110016156

太喜歡歷史了！給中小學生的輕歷史⑤魏晉南北朝

作　　者：知中編委會

字畝文化創意有限公司
社　　長：馮季眉
責任編輯：徐子茹
美術與封面設計：Bianco
美編排版：張簡至真

出版：字畝文化／遠足文化事業股份有限公司
發行：遠足文化事業股份有限公司（讀書共和國出版集團）
地址：231新北市新店區民權路108-2號9樓
電話：(02)2218-1417　傳真：(02)8667-1065
客服信箱：service@bookrep.com.tw
網路書店：www.bookrep.com.tw
團體訂購請洽業務部 (02) 2218-1417 分機1124
法律顧問：華洋法律事務所 蘇文生律師
印　　製：凱林彩印股份有限公司

2021 年 10 月　初版一刷　2024 年 7 月　初版七刷
定價：350 元　書號：XBLH0025
ISBN 978-986-0784-89-3